呀，成语就是历史

第1辑

战国 3

国潮童书 / 著　丁大亮 / 绘

台海出版社

目录

您的恩德，我永世难忘！以后我就是燕国的人了！

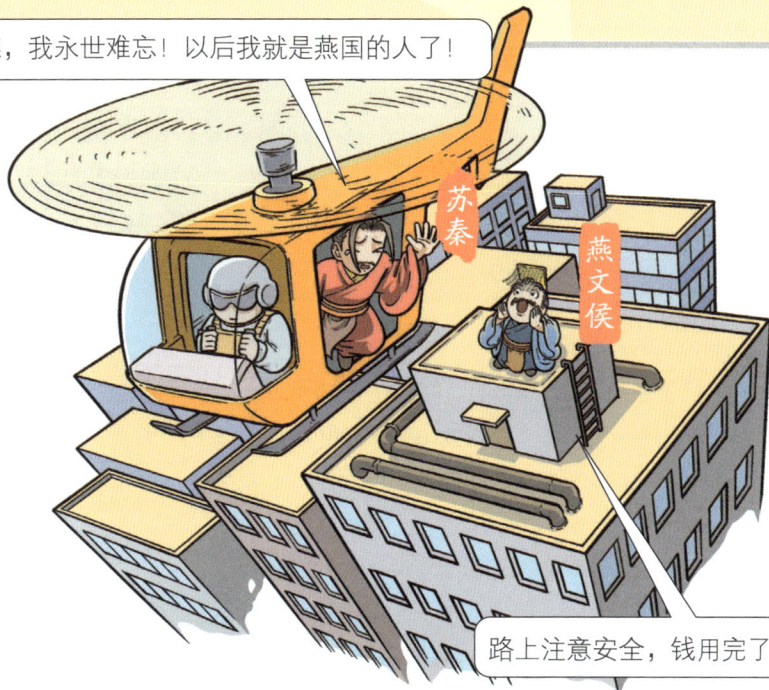

苏秦

燕文侯

路上注意安全，钱用完了我给你寄！

前面我们说燕文侯支持苏秦去各国游说。看看苏秦是怎么做的。

第一站 赵国

说服理由：六打一，赢定了！要赢要输，您随意。

苏秦来到赵国见到赵肃侯，先是对他一顿夸奖，
接着分析赵国和各国的关系及赵国面临的形势。
他说如果六国联合，土地是秦国的五倍，士兵是秦国的十倍，
打起仗来有很大的胜算。"让秦国称臣"和"向秦国称臣"，

bù	kě	tóng	rì	ér	yǔ
不	可	同	日	而	语

是 不可同日而语 的。

苏秦的意思是，这两种情形不能同时谈论。形容两者之间差异很大，不能放在一起说。比如，奶奶以前记性可好了，连小时候的事情都记得一清二楚。可她现在年纪大了，记性也不可同日而语了。

选哪个还要想吗？ 赵肃侯当然选"让秦国称臣"了！他又给苏秦添了许多"装备"，让他去说服其他诸侯国加入。

第二站 韩国
说服理由：难道您要当秦国的牛屁股吗？

苏秦分析，韩国现在正遭受秦国的威胁，如果向秦国低头，那秦国必然会要求韩国割让城池。
难道韩国要一直满足秦国的贪婪吗？
最后他说了那个让韩宣王一下子冲起来，
恨不得要拔剑上战场的成语——

nìng	wéi	jī	kǒu	wú	wéi	niú	hòu
宁	为	鸡	口	无	为	牛	后

原意是宁愿做小而洁的鸡嘴，也不愿做大而臭的牛屁股。比喻宁可在小范围内自主，不可在大范围内听人支配。也可以写作"鸡口牛后"。

我们之间至少好说话！

韩宣王

第三站 魏国
说服理由：不抓住时机，会有大祸患！

苏秦到魏国时，魏襄王正在考虑跟秦国"连横"。
苏秦一见面先一通夸赞，把魏襄王说得浑身舒畅，
接着再来个预警——别看秦国现在对魏国还没有构成威胁，但

háo	máo	bù	fá	jiāng	yòng	fǔ	kē
豪	氂	不	伐	，将	用	斧	柯 。

意思是祸患刚萌生时不加重视，变成大祸患后再
要消除，就很困难了。

苏秦

魏襄王

现在不考虑清楚，
不和大家搞"合纵"的话，
以后秦国发展起来，
魏国就会有大麻烦了！

把秦国的威胁掐死在摇篮里！

第四站 齐国
说服理由：这事缺了您成不了呀！

到了齐国，苏秦又对齐宣王用了同样的"套路"。
他先是一顿夸，还用上了咱们很熟悉的成语——
摩肩接踵，张袂成阴，挥汗如雨，等等。

苏秦说，魏国、韩国没实力，想要依靠秦国是没办法。

但在齐国面前，秦国算个啥？

我们的"合纵"队伍缺不了齐国呀！
齐宣王立马宣布加入。

秦国要打也先打赵、魏、韩，这买卖稳赚不赔啊！

苏秦

齐宣王

第五站　楚国
说服理由：打完秦国您就是霸主！

楚威王对目前的局势很清楚，苏秦都没有费多大劲，
楚威王就加入了"合纵"的队伍。他刚同意，

苏秦马上收拾行李跟他说"再见"。

楚威王很奇怪他怎么这么着急回去。原来苏秦到楚国好些天了，
守宫门的人像小鬼一样难缠，刁难他，不让他见楚威王。
楚国的粮食卖得比宝玉还贵，柴禾卖得比桂树还贵，

简直是

guì	xīn	yù	lì
桂	薪	玉	粒

。

苏秦感觉每天都像拿玉当粮食吃，拿桂木当柴烧，要活不起了！
楚威王觉得很不好意思，赶紧把苏秦留下来，好好招待他。

不回去你养我啊？

苏秦

楚威王

我给你报销！

六国合纵联盟终于成立了！

天下局势进入一个崭新的阶段。

苏秦也是一个崭新的苏秦了！

他现在手持六国相印，统领六国军队，不可同日而语呀！
活儿干完了，苏秦往北回赵国复命，路过家乡时，
连周天子都为他清路，到郊外来迎接他。

多么轰动的大新闻！

苏秦的哥哥嫂子跪在地上迎接他，恭敬地伺候他，
走到哪里都不忘给苏秦端茶递水。

你们以前饭都不给我吃，现在怎么对我这么体贴了？

苏秦

兄

嫂

当时的你哪能和现在相比呀！

哥哥，嫂子，你们这样

qián	jù	hòu	gōng
前	倨	后	恭

，也不害羞呀！

这个成语的意思是先前傲慢，后来恭敬，前后态度完全不同。形容为人势利。"倨"指傲慢；"恭"是恭敬。**比如，**他对你前倨后恭，可能是有事要找你帮忙。

之后的第一次战争，结果你知道的，
六国合纵联盟大军还是被秦国打得稀里哗啦的。
唉，六国也就是表面联合，其实都有自己的小算盘——
连苏秦也是燕国的间谍（dié）呢！

你竟然是间谍？

这是个很长的故事，你想听吗？

苏秦是燕国的间谍这件事，是 1973 年马王堆汉墓出土的西汉帛书《战国纵横家书》里说的。这里面写的苏秦跟《史记》版的很不一样，两本书里的苏秦活跃的年代也相差三十多年。因为《史记》版的苏秦具体的活动时间有点儿乱，比如上面提到的那几个国君不在同一时期，所以有不少人认为"间谍版"的苏秦更接近历史真相。

下面介绍"间谍版"的苏秦。

战国时期还很流行搞"禅让"，燕王哙（kuài）不想工作，要把国君的位子禅让给国相。太子一听，急了，于是起兵造反，最后他和国相都死了。齐国趁机来"救场"，把燕国糟蹋得百姓不干了。百姓迎回正在韩国流亡的公子职，请他做了新的燕王，也就是燕昭王。

从此，燕昭王就成了"复仇之王"！

齐国欺我大燕无人，我咽不下这口气！

但是咱们现在确实缺人！

可是，如今的燕国要钱没钱，位置又偏僻，

怎么吸引人才？ 燕昭王很头疼。

大夫郭隗（wěi）见他天天犯愁，就给他讲了一个故事：

一个大臣给国君买千里马，花了五百金买回一匹千里马的头骨。

这真是爱马爱到骨子里了呀！

哇，那要是一匹活的千里马值多少呢？

明天我就送马去！

郭隗讲的就是 **千金市骨** 的故事。

qiān jīn shì gǔ
千 金 市 骨

这个成语比喻重视人才，渴望求得人才。也可以写成"**千金买骨**"。

燕昭王立刻懂了，拜郭隗为师，

还修筑黄金台，封他做大官。

我就先来当这个"马骨"吧！

千里马快来呀！

郭隗

燕昭王

黄金台上有没有黄金，不知道！
但燕昭王对人才的渴望和尊重传遍了天下。
魏国的军事家乐（yuè）毅、齐国的阴阳家邹衍（zōu yǎn）、
赵国的兵家剧辛，还有"间谍版"的苏秦等人，纷纷投奔燕国，

一时形成了的局面。

（shì zhēng còu yān 士争凑燕）

这个成语指人才抢着去燕国。比喻人才会聚，得到人们的拥护。

"黄金台招士"这一招的效果太好了！

后世的人觉得自己有才华得不到重用的时候，
就会想起燕昭王，感叹一声：要是现在有燕昭王该多好！
就连唐朝的大诗人李白也写道：
燕昭延郭隗，遂筑黄金台。剧辛方赵至，邹衍复齐来。

燕昭王对人才的好，当然也感动了"间谍版"的苏秦。

苏秦积极地为燕昭王谋划——

目标一：劝说齐国不打燕国。
目标二："忽悠"齐国去打宋国。
目标三：挑拨齐赵互相"掐架"。
目标四：暗示秦国灭掉齐国。

燕昭王

苏秦

燕昭王高兴极了，为苏秦准备了豪华的车子，还赠送了许多珠宝，**让他到齐国去当间谍。**

保护好自己，坚持到胜利的那一天！

我有一种不好的预感……

苏秦

燕昭王

到了齐国，苏秦**一步一步地实现自己的目标，**而齐湣王则**一步一步上了当！**

在苏秦的**"忽悠"**下，齐湣王把国家内政搞得一团混乱，逼走孟尝君，还毁坏了齐国在国际上的名声，**简直成了人人讨厌的老鼠！**

不是我们太傻，是骗子太厉害！

齐湣王

楚怀王

而在燕国，燕昭王和郭隗带领大家搞建设，和百姓

tóng　gān　gòng　kǔ

同 甘 共 苦。

意思是一同享受幸福，一起承受苦难。形容同欢乐，共患难。用于褒义。**你可以这样用：** 爸爸和妈妈同甘共苦，一起奋斗，才有了我们这个幸福的家。

二十多年过去，燕国一天天壮大，终于到了展现实力的时候！燕昭王采用乐毅 **"举天下而图之"** 的策略，争取其他国家的支持，**结成反齐联盟。**

结盟过程中当然也有小插曲。

比如燕昭王想和赵国结盟，赵惠文王却正准备出兵攻燕。
燕昭王赶紧派苏秦的弟弟苏代出使赵国。

苏代跟赵惠文王说，他看到一只鹬（yù）去啄
从水里出来晒太阳的河蚌（bàng），想吃它的肉。
河蚌把壳一闭，紧紧地夹住鹬的嘴巴。
它们俩谁也不肯先放开，结果被一个渔夫一网打尽。
赵惠文王明白了苏代的意思，也认同燕赵不能开战，
否则会像鹬和河蚌一样，被其他强国一锅端。

于是赵国和燕国结盟。

	yù	bàng	xiāng	zhēng		yú	wēng	dé	lì
成语	鹬	蚌	相	争	，	渔	翁	得	利

就是从这里来的。

比喻双方争执不下，都会受到损伤；谁也没得到好处，反而让第三方占了便宜。用于贬义。比如，你说我们争什么争，他早就在我们争吵时把最后那块蛋糕吃掉了！这就是"鹬蚌相争，渔翁得利"呀！

联盟的事情搞定了，燕昭王复仇的时机终于来了。

公元前 284 年，燕昭王拜乐毅为上将军，率领燕国全部兵力，和秦、楚、韩、赵、魏的大军一起向齐国发动进攻。

这么多年，苏秦潜伏成间谍，燕昭王一直隐忍，

乐毅从不轻易出击，**就是要一举扳（bān）倒齐国呀！**

齐国的国都临淄很快被攻破，**苏秦的骗局也败露了，**齐湣王逃走前干掉了间谍苏秦。

苏秦

> 昭王，我没有辜负你！

齐湣王

> 苏秦，你这个大骗子！

乐毅率军抢夺了齐国数百年积累的财富，送回燕国。之后，乐毅又花费了五年时间，攻下七十多座城池，只剩下即墨和莒（jǔ）两地还在顽强抵抗。

再说齐湣王逃出临淄后，辗（zhǎn）转来到齐国的莒城，却落入了楚国大将淖（zhuō）齿的手里！**谁会去救他呢？**

王孙贾（gǔ）是齐湣王的侍臣，他和齐湣王失联后，回到家里，

遭到母亲的痛骂——

你是大王的侍臣，竟然不知道他去哪里了？

王孙贾

我错了，我这就去找大王！

其实王孙贾的妈妈很讲道理。 她说，
王孙贾要是早晨出去晚上回来，她会倚在家门口等待；
要是王孙贾晚上出去不回来，她就会到巷口等待。
她认为，王孙贾作为国君的侍臣，对国君的关心程度要比
母亲对孩子的关心程度更深。

成语　yǐ mén yǐ lú 倚门倚闾　就是这样来的。

形容父母盼望子女归来的迫切心情。"闾"是古代街
巷的门。**你可以这样用：** 叔叔离家多年在外拼搏，爷
爷奶奶倚门倚闾，期待着他回家。

可是，王孙贾找到齐湣王时，他已经被淖齿折磨死了。
王孙贾决定为齐湣王报仇。他走到集市上大喊一声"杀淖齿"，
四百多人响应他。大家露出右臂，最后真的干掉了淖齿，
为齐湣王报了仇。

燕齐两国的命运说反转就反转——
田单复国了！

再复习一下我的高光时刻——火牛阵！

主要是离间计用得好！

田单

乐毅

不巧的是， "复仇之王"燕昭王在田单复国前去世了。
燕昭王的儿子燕惠王中了田单的离间计，把乐毅逼到了赵国。

后来燕惠王派人请乐毅回去，乐毅却表示对燕惠王很失望，
写下了著名的《报燕惠王书》。

乐毅说自己对燕昭王也算是

yǒu shǐ yǒu zhōng

有始有终。

意思是有开头，也有收尾。形容做事认真并坚持到底。**比如，**妈妈做事总是有始有终，不管多难，她从来不会做到一半就放弃。

　　燕昭王奋斗了三十多年的基业，燕惠王三天就折腾没了！

之后的五十多年，燕国几乎就是在"各大片场"**跑"龙套"。**

　　到了燕王喜时，秦王嬴政发动了统一六国的战争。

秦军灭了赵国，兵临易水，燕国危险了！**谁还能顶得住？**

可燕太子丹不想"躺平"，他还想搏一搏。

而且这一次的"心跳指数"必须是最高的！

刺秦！刺秦！刺秦！

燕太子丹

间谍这招已经用过了，**现在燕国用"刺客"这一招！**
很快，太子丹就有了担任刺客的最佳人选——荆轲。

荆轲当时正在燕国游历，并和一个叫高渐离的人成为好朋友。
两人经常在街市上喝酒。喝醉后，高渐离击筑（一种乐器），
荆轲唱歌，两人非常合得来。有时唱到伤心处，
两人就大声哭泣，根本不在乎旁人的眼光。
这就是成语

yān	shì	bēi	gē		páng	ruò	wú	rén
燕	市	悲	歌	和	旁	若	无	人

的由来。

"燕市悲歌"表现的是朋友间的情义以及惜别的情怀。而"旁若无人"是说好像旁边没有其他人。形容自以为了不起，态度傲慢，也形容态度自然，不受拘束；有时也形容专心致志。你使用的时候一定要注意情境。

刺杀？这也太上不了台面了吧？
荆轲一开始是拒绝的，但是架不住太子丹态度恳切，
苦苦哀求，荆轲只能同意了。他对太子丹说，
要把两样东西进献给秦王，才有机会行刺：

一是燕国地图；

二是樊於期（fán wū jī）**的脑袋。**

樊於期本来是秦国的将军。他因为参与谋反，失败后逃到燕国，被太子丹收留。所以秦王一直在用金钱和封邑买他的脑袋。

太子丹听了荆轲的话很犹豫，不忍心杀害樊於期。

于是荆轲找到樊於期，说出自己的计划。

> 我恨秦王恨得切齿拊心，只要能杀了他，我愿意献出我的脑袋！

樊於期

荆轲

> 你是条汉子！

成语　**切齿拊心**
qiè　chǐ　fǔ　xīn

形容愤恨到了极点。"切齿"指咬紧牙齿；"拊心"指捶打胸膛。

樊於期当场就拔剑自杀了。太子丹知道后，非常悲伤。为了刺秦成功，他用高价买来一把非常锋利的匕首，并淬（cuì）炼上毒药。太子丹还给荆轲派了一名副手——燕国著名的勇士秦舞阳。

出发的这天，太子丹、高渐离等人穿着白衣，戴着白帽，在燕国的易水河畔给荆轲和秦舞阳送行。

高渐离击筑，荆轲和着节拍唱道：

风萧萧兮易水寒，壮士一去兮不复还！

大家跟着发出激愤的声音，

都恨不得跟荆轲一起去刺杀秦王。

他们那种睁大眼睛，头发直竖，愤怒到极点的样子，

还产生了一个成语

lìng	rén	fà	zhǐ
令	人	发	指

。

注意，这个词现在一般指别人的行为令人厌恶，愤怒。**你可以这样用：**听说那个令人发指的嫌疑犯落网了，大家都松了一口气。它的近义词是"怒发冲冠"。

离开燕国的荆轲和秦舞阳来到秦国，走进秦宫大殿。

荆轲端着装有樊於期首级的木盒，

秦舞阳举着裹有匕首的燕国地图，

两人一步步靠近秦王嬴政…… **刺杀嬴政成功了吗？**

没有！ 关键时刻，号称"勇士"的秦舞阳"掉链子"了，

他手一抖，没拿稳地图，**差点把匕首掉出来！**

还好荆轲机智，打了个圆场。

北方乡下人，没见过世面。秦王太威严，震慑人心啊！

秦王嬴政

荆轲

秦舞阳

秦舞阳是派不上用场了！

荆轲只好一手端木盒，一手拿地图，慢慢地走到秦王嬴政面前。

他先是献上樊於期的首级，接着一点点打开地图卷轴。

等到地图完全打开，匕首露出，

荆轲左手抓住

秦王嬴政的衣袖，

右手握住匕首

刺了过去——

荆轲

秦王嬴政

心都要跳到嗓子眼儿了！
成了吗？——差那么几厘米就成了！

这里有个成语

tú　qióng　bǐ　xiàn
图　穷　匕　见，

现在比喻事情发展到一定时候，终于露出了真相。

太可惜了！ 秦王嬴政本能地扯断衣袖，挣脱了。
这时候秦王嬴政紧张得连佩在腰上的长剑都拔不出来，
只能拿着剑围着柱子跑，荆轲紧跟在他后面追！
大殿上的臣子们都没有武器，
急得不知道怎么办好。

秦王嬴政

荆轲

这也太狼狈了，太没
面子了！

这时，侍医夏无且（jū）把手中的药袋子丢出去砸向荆轲，**有人提醒秦王把剑放在背上拔出来。**

秦王嬴政终于缓过神来，拔出剑刺向荆轲的左腿，**荆轲一下子倒在地上。** 可是他还没放弃，奋力地把匕首掷（zhì）出去，却只是击中了柱子。嬴政暴怒，拿起长剑，一剑一剑地刺向既没有武器，也站不起来的荆轲……

秦王嬴政

荆轲

刺杀失败，燕国要亡了！

嬴政下令进攻燕国。太子丹率军抵抗，但就像鸡蛋碰石头一样，结局只能是鸡蛋破碎。后来，秦国彻底踏平燕国，燕国成为第五个被秦国灭掉的国家。

结束了？等等，最后还给你一个"心跳"的尾声——

哎哟，别急，还有个小高潮！

燕国灭亡后，**秦国继续追捕和刺杀相关的人。**
荆轲的好朋友高渐离逃到一个偏远的地方，隐瞒真实姓名，
给一个大户人家当帮佣。有一次，主人家请客，席间有人击筑，
高渐离觉得手痒，也拿起自己的筑演奏起来。

成语	bù 不	jué 觉	jì 技	yǎng 痒

指具有某种技能的人，一遇到机会，便忍不住想表现
一下。**比如，**弟弟很会玩魔方，只要看到魔方，他就
不觉技痒，想要玩上一把。

高渐离这一击让自己又一次出了名，
当地有名的人家都请他到府上去演奏。
这时候，秦国已经灭了六国，统一天下了。秦王也成了秦始皇。
秦始皇很喜欢音乐，他把高渐离宣进宫当御用乐师。
有人认出这个新乐师是高渐离，但是秦始皇没有杀高渐离，
而是弄瞎了他的眼睛，让他继续当乐师。

有了接近秦始皇的机会，高渐离心底燃起了为荆轲报仇的念头。
他偷偷地把铅注进筑里，增加筑的重量。
等到再次靠近秦始皇时，他举筑砸向秦始皇——

唉，可惜没有砸中！高渐离也被杀了。

你都瞎了，还想刺杀我？

高渐离

秦始皇

自古燕赵多义士，
高渐离也算是其中之一吧！

这次是真的结束了！

7

韩 国：

"口吃男神" 韩非子

战国几百年间，韩国就只有第六位国君韩昭侯有点儿志气，他任命申不害为国相进行变法，让韩国勉强挤进了"七雄"。

战国后期，秦国搞"远交近攻"的外交战略，

韩国就是一块最好的"磨刀石"。

磨着磨着，这韩国就一点脾气都没有了。

公元前 234 年，秦军又打过来了——

秦王嬴政

你看我这里，有什么喜欢的东西都可以拿走！

韩王

我问你要个人！

谁？韩非呀！

韩王心里笑翻了——要韩非？太好了！韩非说话不利索，韩国的重大会议一次都没让他参加过，可他还老是递报告上来指这说那的，韩王早就烦了。

赶紧拿走！以后不用呈上来了！

韩王

韩昭侯以后的韩王都不怎么争气，我们就统一叫"韩王"了。

妥妥的"睁眼瞎"呀！

韩非给韩王的可是一套"终极称霸方案"，"法、术、势"齐全，简直无敌！你看：

法——制定完备健全的法律制度；
术——掌握驾驭臣民的操作技巧；
势——紧握大权，君临天下的气质打造要领！
唉，这可是天上掉下来的人才，
可惜韩王不是伯乐！

治国三件事

法术势

韩王

韩非

你话都说不利索还教我做事！去"忽悠"老秦吧！

秦王嬴政可是未来的秦始皇，**他的眼力好着呢！**
韩非写的《五蠹（dù）》《孤愤》等文章被传抄到秦国，
嬴政一读就尖叫——

哇，这人比商鞅厉害多了！

嬴政激动地喊出了那句名言：
"寡人得见此人与之游，死不恨矣！"

"男神"，快来！有大座儿！

韩非

欢迎

秦王嬴政

韩非

终于见到自己的"男神"了，秦王嬴政太开心了！
白天他跟韩非请教治国大事；晚上就更妙了——
以前秦王嬴政是把韩非的文章当睡前故事阅读的，
现在可以直接听原声朗读（虽然韩非说话有点"卡顿"）了！

宋，宋，宋，宋国有个种田人……

韩非

秦王嬴政

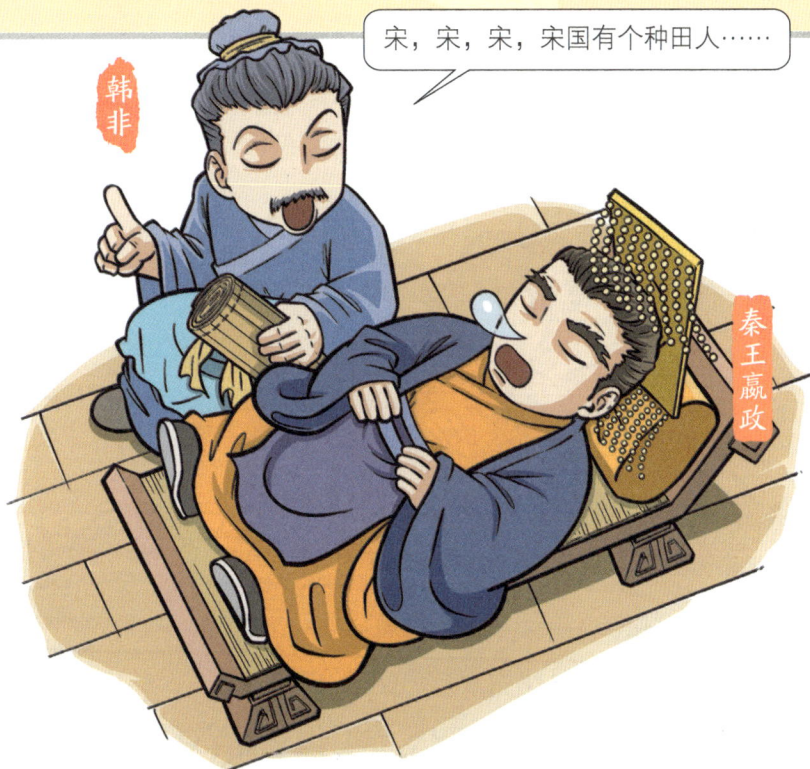

韩非讲的这些"睡前故事"，其实你们也听过不少。

比如

shǒu	zhū	dài	tù
守	株	待	兔

。

一个宋国人正在种田，一只兔子飞奔过来撞到树桩上死了。宋国人不费力气得到了兔子，于是放下锄头天天守着树桩，等待下一只前来撞死的兔子。

"守株待兔"原来比喻妄想不通过努力而侥（jiǎo）幸得到意外收获的心理。现在也比喻死守狭隘（ài）的经验，不知变通。

韩非用这个故事告诉君王，
不能死守原来的经验，要根据情况做出变动。

避免撞树桩
的100种方法

又如
zì	xiāng	máo	dùn
自	相	矛	盾
的故事。

一个既卖盾又卖矛的楚国人，吹牛说自己的矛什么都能刺穿，
自己的盾什么都刺不穿。于是有人问他，
用你的矛刺你的盾会怎么样？他满脸通红，答不出来。

成语"自相矛盾"比喻说话办事前后不一致或互相抵触。用于贬义。

韩非用这个故事告诉君王，要通过制定法令，明确赏罚来纠正臣民的行为。

如果法令有漏洞，就会自相矛盾。

别戳（chuō）了，快支撑（chēng）不住了！

谁让你到处是漏洞！

法

盾

**这些用"小故事"来讲"大道理"
的文学作品叫"寓言"，**语文课本里可不少。
很多古代的寓言也是成语故事。

韩非创作的寓言的主人公，不是这国人，就是那国人，
一些国家就免不了要被韩非用上，
最惨的要数宋国、楚国和郑国。

守株待兔

宋国人

楚国人

自相矛盾

郑人买履

郑国人

对了，"**郑人买履**"的故事，我还没说给你听呢！

有个郑国人准备去买鞋子。他先在家量好脚的尺码，
顺手把尺码放在了坐凳上。
到了集市上，他找到了自己喜欢的鞋子，
却发现尺码没带出来，他就回家去拿。
等他再回来，集市已经散了，他最终没有买到鞋子。

合不合适，你用脚穿上试一试呀！

不行，必须回家拿尺码！

这人说宁愿相信尺码，也不相信自己的脚。

韩非是想用 zhèng rén mǎi lǚ **郑人买履** 的故事，

来讽刺那些只会依赖教条、数据、理论等，而不参考实际情况的人。

这人还不算傻，顶多是有点儿迂腐（yū fǔ）！
下面这个"买椟（dú）还珠"的故事会告诉你，
郑国有个人是真的傻！

故事说，一个楚国人在郑国卖宝珠，
他用名贵的木材为宝珠做了一个盒子。
盒子用香料熏过，再用各色的珠子和玉装饰起来。
他觉得这样宝珠会显得更加贵重。
一个郑国人一眼就看中了这个华丽的盒子，
花钱买下盒子，退还了宝珠。

你要真想卖珠子就换个恰当的盒子！

我倒也不吃亏……

是不识货，没有眼光；
还是有钱任性，爱我所爱？

不管怎样，现在

mǎi	dú	huán	zhū
买	椟	还	珠

这个成语用来比喻没有眼光，不识货，取舍不当。"椟"是木匣（xiá）；"还"指退回。

唉！也难怪郑国人看走眼，那个盒子也太漂亮了！
这就像聚会的时候，客人的声音要是比主人的还要大，
就会让别人分不清谁是主人。

所以

xuān	bīn	duó	zhǔ
喧	宾	夺	主

这个成语含贬义，

比喻外来的或次要的事物占据了原有的或主要的位置。**你可以这样用：** 这个节目的植入广告太多、太长，都喧宾夺主了！

形式和内容到底哪一个更重要呢？
当然是内容！

韩非借这个故事告诉君王，不要只听言辞是否动听，
只看文章是否有文采，更要注意它们的内容是不是真的有用。
当然，我们也可以多做一些内容和形式

xiāng dé yì zhāng

相 得 益 彰 的事情。

指两者互相配合协助，双方的
优点和长处就更能显露出来。
你可以这样用：这幅画上的题
诗和风景真是相得益彰呀！

但很多时候，我们要认清事物的本质，
因为了解事情的真相并不容易。
韩非还讲过一个 **"棘（jí）刺母猴"** 的故事。

燕王很喜欢小巧玲珑的东西。
有个卫国人说自己能在棘刺（泛指动植物体上的针状物）
的尖端雕刻出猕（mí）猴来。
燕王很高兴，立刻给了他"专家级"的待遇。
过了几天，燕王想看看他雕刻的猕猴。卫国人说——

> 看样子，我不满足条件呀！

看见猕猴的三个条件
1. 在雨停，太阳刚出的瞬间。
2. 半年内没有喝酒、吃肉的人。
3. 半年内没有回家见老婆的人。
（注：以上条件须同时满足）

> 没有人能做到！

哈哈，这是韩非版
《皇帝的新装》呀！

揭露那个卫国骗子的人，是郑国的一个冶铁工匠。
他对燕王说，在棘刺上雕刻，必须要用比棘刺更小的刻刀。
但这样小的刻刀，他根本做不出来。

要想知道卫国人到底会不会雕刻，
看看他有没有比棘刺更小的刻刀就行了。
卫国人哪里拿得出来呢？他以取刀为借口，赶紧溜了。

jí cì mǔ hóu
棘 刺 母 猴 这个成语，

现在形容欺骗的勾当或艰难的事业。你要注意，这里的"母猴"不是指母猴子，而是猴子的一种类别。

他要是掌握这种核心技术就去干别的了，还雕什么猴子啊！

这位燕王还不错，连一个普通铁匠的建议都会听，
比那个"智子疑邻"的宋国富人强多了。

"智子疑邻"是怎么回事呢？

事情是这样的：

有一天，宋国一户富人家的围墙被雨冲坏了。
富人的儿子和邻居的老人都说，要赶紧把墙修起来，
不然会有小偷进来。结果晚上真的来了小偷，
富人丢了很多钱财。

没想到这个富人竟然说——

> 我儿子真聪明！

> 他怎么知道小偷会来？越看他越像小偷！

真是好心没好报！提建议有风险呀！

你要是碰上这样的邻居，还不得气炸了！

韩非倒不是要批评故事里这个宋国富人，他只是想用

zhì　zǐ　yí　lín
智 子 疑 邻 的故事

告诉我们，持相同看法的人会因为身份或
与主人亲疏的不同而遭到不同对待。

这个案子后来破了没？
邻居老人是不是小偷？

韩非

放心，我们是讲证据的！

怎么宋国人、郑国人、楚国人总是在成语里当"笨人"？

被"黑"的呗！其实像守株待兔、自相矛盾、买椟还珠之类的"笨人成语"，各个国家都有。那时候大家也挺流行"互黑"的。

如果非要弄个"被黑得最惨"排行榜，宋国、郑国和楚国肯定是前三名！为什么呢？

宋国排第一，因为宋国是商纣王的哥哥微子建立的国家，民风民俗跟周朝很不一样。对其他诸侯国来说，宋国是外人，而且宋国还出了个很笨的宋襄公，这不是现成的例子吗？

郑国排第二，离不开韩非做出的巨大"贡献"！韩非写文章的时候，郑国已经被韩国灭掉好多年了。他不能"黑"自己国家，干脆把韩国人的蠢事都编排到郑国人身上去了。

至于楚国被"黑"，因为它一直是中原国家心中的"蛮夷"。再说，楚国不仅不怕被"黑"，更是摆出一副"我是蛮夷我怕谁"的姿态。这样一来，他们被贴标签也就没什么了！

总的来说，宋国和郑国被"黑"的最大原因是他们太弱了！要不你看看，谁敢"黑"春秋时期最强大的晋国和后来统一六国的秦国呢？

韩非的寓言里也有用动物做主角的，

比如"三虱（shī）争讼"就是讲母猪身上的三只虱子
在激烈地争吵，另一只虱子路过，问它们吵什么。
三只虱子说它们在争猪身上最肥的地方应该属于谁。

别吵了！大难就要来了！

什么大难？

原来，猪长肥后，就要被杀掉做成烤猪，当祭祀（jì sì）的食物，
到时候大家都会被烤成灰。这三只虱子听了，马上停止争吵，
聚在一起拼命吸食母猪的血。母猪渐渐消瘦，
人们就不用它来祭祀了。

不能只顾眼前呀！

团结就是力量！

要好好感谢那天路过的那位朋友！

也许在韩非看来，那些在朝堂上争个不停的大臣，
就好像故事里的这三只虱子一样，只看重个人眼前的利益，
却不管国家的长远利益。

在这个故事后，韩非还讲了一种叫虺（huǐ）的毒蛇，
它的身体上长着两个脑袋两张嘴，
这两个脑袋为了争夺食物而互相撕咬，
结果自己把自己咬死了！
看来，还真不能只顾内部斗争，不顾大局呀！

> 都是韩非瞎编的！

> 咱们相处得挺好的！

韩非还"瞎编"过另一个关于蛇的寓言呢！

这个寓言叫"涸（hé）泽之蛇"，说的是池塘干涸了，
蛇群准备搬迁。有一条小蛇对大蛇说，
如果它们一前一后正常地走，人们会把它们当普通的蛇打死。
如果大蛇背着小蛇行走在大道上，
人们就会以为小蛇是"神君"，绕开它们。

这家伙是谁呀？

让一让，神蛇来了！

靠边站！

不许拍照！

不认识啊，好像很厉害的样子。

你看，明明是蛇，却有人把它们当成"神"。

成语

hé　zé　zhī　shé

涸泽之蛇

指装模作样、玩弄手段的人得到了好处。所以我们凡事要仔细观察，弄清实质，别被诡计骗了。

再说点韩非写的和咱们学习相关的故事吧！

春秋时期，晋国的赵襄子跟王子期学习驾驭车马的技能。后来，他们进行比赛。两人换了三次马，赵襄子都输了。

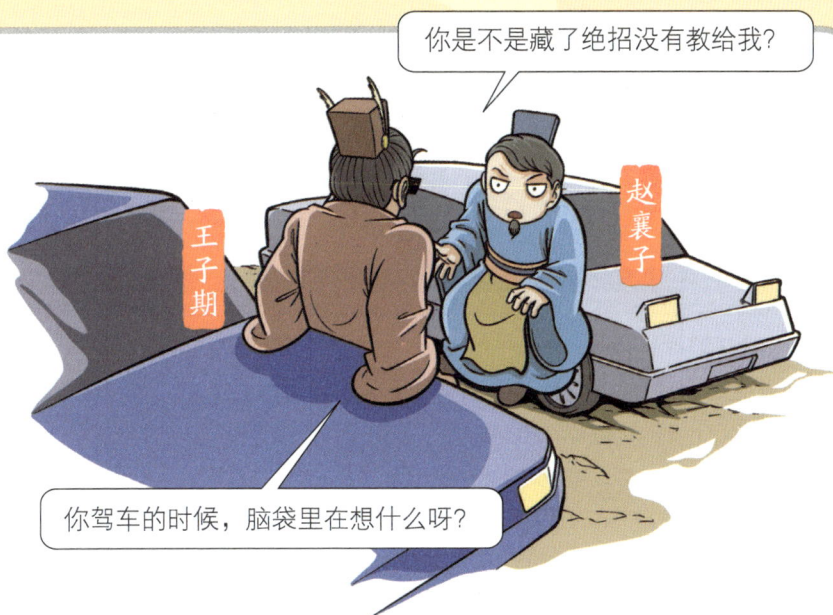

你是不是藏了绝招没有教给我？

王子期

赵襄子

你驾车的时候，脑袋里在想什么呀？

王子期说技巧全都教给赵襄子了，但他没有运用好。

驾车时，人要集中注意力，和马的动作相协调，马才能跑得快。

但赵襄子跑在前面时担心王子期追上他，跑在后面时想追上王子期。

总之赵襄子所有的注意力都在对手身上，没有花心思在马上，

这样怎么能和马相协调呢？肯定会输呀！

xīn	bù	zài	mǎ
心	不	在	马

这就是成语 **心不在马** 的由来。

意思是心思不在马身上。指思想不集中。大家常用的成语"**心不在焉**"跟它的意思相近。**你可以这样用：** 明天要开运动会了，他今天上课时心不在马，连老师叫他回答问题都没反应。

右手画圆，左手画方
yòu shǒu huà yuán, zuǒ shǒu huà fāng

也是韩非说出来的。

这个成语本来是比喻用心不专，什么事也办不成。
后来也有人用它来形容心思聪明，动作敏捷。

因为后来有人去挑战这个动作，练习很多次后挑战成功了。
在金庸的小说《神雕侠侣》里，周伯通和小龙女就把这一招练得很熟。
你也可以试一试，看能不能成功。

"郢书燕说"的故事也挺有意思的。

有一个人在楚国郢都给燕国的相国写信。
因为烛火不明亮，他要人把烛火举高些。他一边说一边写，
一不留神就把自己说的"举烛"两个字写进信里了。

等等！我要换信！

邮政

燕国的相国看到"举烛"两个字，琢磨了半天，
认为"举烛"的意思是崇尚光明。
崇尚光明就是要选拔有德有才的人加以任用呀！
他把自己的想法告诉燕王，燕王立刻采纳他的意见，
把国家治理得很好。虽然故事的结局还不错，

但是成语 **郢书燕说** 现多用于贬义，

yǐng shū yān yuè
郢 书 燕 说

比喻曲解原来的意思，把讲不通的或不相干的道理、事情硬扯在一起进行解释。"说"同"悦"，表示高兴。

您用两个字指引了相国治国呀！

是相国自己运用得好！

韩非的运气可没有这个写信的人好。

秦王嬴政拥有了韩非这一套称霸方案后，信心"爆棚"，
准备开展他的统一计划，但他第一个要灭的就是韩国！
韩非是韩国的贵族，韩国再不争气也是自己的祖国呀！
他急忙写了一篇《存韩》的建议书给秦王嬴政。没想到——

把韩非关起来！

秦王嬴政

韩非

那么多睡前故事都白讲了呀！

韩非不知道，从他到秦国起，他就陷入

shàng	bù	zháo	tiān		xià	bù	zháo	dì
上	不	着	天	，	下	不	着	地

两头都没有着落的境地了。

韩国本来就没有人关心他的生死，而秦国呢？

秦王嬴政是不会相信他这个敌国公子的。他的同学，
秦国的廷尉李斯更指望不上——

他早就看韩非不顺眼了。

老同学，喝了这杯酒，我送你上路！

韩非

李斯

可怜的韩非怕是到死也不知道，

最终害死他的其实是他的老同学——

李斯假借秦王嬴政的名义，让韩非喝下了毒酒！

等秦王嬴政气消了，要释放韩非，已经晚了。

存韩？真是开玩笑！**韩国和韩非哪个都存不住！**

韩国是第一个被秦国灭掉的国家。

不过韩非的文章倒是被后人整理编辑成《韩非子》，保存了下来。

后世公认韩非是诸子百家中法家的集大成者，尊称他为"韩非子"。

8

这"子"那"子"，
群星璀璨

当一大拨国王为了国家利益，在这地那地打来打去的时候，
一大群被称为什么什么"子"的思想家，为了结束这混乱的局面，
在思想的天空吵来吵去。

**各国之间争当霸主叫"争霸"，
各思想家阐述己家理想就叫"争鸣"。**

> 道可道，非常道……

> 当君子要讲道理！

> 法律才是硬道理！

> 非攻……

据统计，从先秦到汉初，这"子"那"子"代表的学派
有一百八十九家之多，**他们被称为"诸子百家"。**

但其中真正有影响力的只有十几家,而到现在我们学习中要记、背的,也就**儒家、道家、法家、墨家、兵家、纵横家、阴阳家**……这么几家了吧!

古今多少子,都在课本中。

春秋末期,各种思想刚刚萌芽,孔子、老子、孙子等作为第一批"子",说什么是什么。

后来,没想到,**他们的"徒子徒孙"中出了"叛逆者"!**

第一个跳出来批评儒家,反对孔子,掀(xiān)起"争鸣"浪潮的墨翟(dí),就是孔子某个徒孙的弟子。

先师!这孩子我教不了了!

你看这个"反对派"是怎么做的：

儒家老师说不需要理会鬼神的事。

墨翟想：**我反对！** 要是得罪了鬼神，降下灾祸怎么办？

儒家老师说要厚葬父母并守孝三年。

墨翟说：**我反对！** 这样是不是太浪费钱、浪费时间了？

儒家老师说礼仪和音乐使人高尚。

墨翟说：**我反对！** 礼仪不就是做个样子吗？听音乐是能饱肚子，还是能暖身子？

儒家老师说要顺应天命。

墨翟说：**我反对！** 难道老师是要我们面对困境和逆境都不抗争，人生就干等着吗？

你这样抬杠（gàng）下去，老师还怎么教？

给我一个支点，我能撬（qiào）动儒家的根基！

墨翟

墨翟终成不了儒家的"君子"。

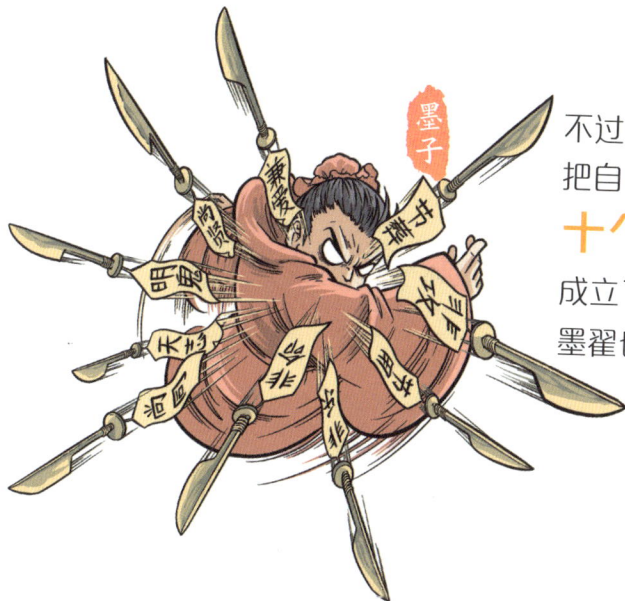

墨子

不过，他进行了深入的思考后，把自己的思想总结为

十个关键词，

成立了自己的学派——**墨家。**
墨翟也被后人尊称为"墨子"。

"兼爱"和"非攻"是墨子的核心主张。这俩主张都挺好解释。"兼爱"简单来说就是"你爱我，我爱你，爱得平等无差别"。说得容易，做到太难了吧？不过**"幸福同享，苦难同担"，墨家弟子能做到！**

如果只有一颗救命药，您给儿子还是给旁边的乞丐？

墨子

一人一半！

"非攻"是"你不打我，我不打你，反对一切侵略战争"。

诸子百家里只有法家把战争当成国家霸权的手段，
其他各家基本都反战。不过各家只是写写文章，发发议论，
墨子却是反战的行动派！

墨子听说公输般为楚国制造了云梯等攻城器械（xiè），
准备进攻宋国。他就马上从齐国出发，走了十天十夜到达楚国，
劝阻楚王出兵。他说自己有守城器械，
比公输般的攻城器械更厉害。楚王让他们演练演练。

你的下一招我猜到了！

演练结束！

墨子

公输般

公输般连输九局！ 但他还有最后的办法——杀了墨子！
墨子也猜到了公输般的意图。墨子告诉楚王，他的弟子们已经
在宋国安装好了守城器械，等着楚军送上门。即使杀了他，
也不能杀尽像他这样反战的人。楚王只好放弃攻打宋国。

输给墨子的公输般是谁？

　　还记得那个被野草割伤了手，观察到野草叶子边缘上的锯齿，制造出锯子的大发明家鲁班吗？鲁班就是公输般！是不是吓了一跳？如果你再多了解一点，就会发现他不仅发明了锯子，还发明了很多木工工具，石磨、碾（niǎn）子等农具，还有我们平时经常用的伞和锁钥，等等。除了这些家用工具，云梯（古代用于攀越城墙攻城的工具）、钩强（古代水战用的作战工具）等武器也都是鲁班的发明。后世把鲁班当作土木建筑的祖师爷。我国建筑行业的最高奖项就叫"中国建设工程鲁班奖"。现在，"鲁班"这个名字已经成为我国古代劳动人民智慧的象征。

　　跟鲁班有关的成语也有很多，比如

bān	mén	nòng	fǔ
班	门	弄	斧

，

意思是在鲁班门前摆弄斧子。比喻在行家面前卖弄本领。你可以这样用：小明的爸爸是专业的围棋棋手，你才学了几天围棋，就在他面前大谈围棋棋路，这不是班门弄斧吗？

墨子有底气去找公输般比试，是因为墨家拥有强大的机械制造术，**防守是一绝！**

成语 **墨守成规** 里的

mò shǒu chéng guī

"墨守"，就是指墨家善于防守。后来这个成语变成了贬义词，比喻固执地按老一套办，不求改进。你要注意"成"是"现成"的意思，不要写成"陈旧"的"陈"。

墨子常责备弟子耕柱子。耕柱子问墨子自己有没有比别人强的地方。墨子反问他，如果要上太行山，乘坐快马或者牛，你会选择鞭（biān）策哪一个呢？耕柱子选择鞭策快马，因为快马值得鞭策，可以更快到达。

> 你就是我的快马，所以我才时时鞭策你呀！

墨子

耕柱子

> 这话我们听着受到了打击呀……

这就是 **快马加鞭**（kuài mǎ jiā biān）的由来。

意思是鞭打已经跑得很快的马，使它跑得更快。比喻快上加快，加速前进。用于褒义。**你可以这样用：**芒种到了，农民伯伯们快马加鞭地把禾苗插进水田里。

其实，公输般输给墨子并不丢人，人家墨子可是中国科学家的鼻祖！

物理学的小孔成像实验，光的直射现象，光影成像的原理……数学的点、线、面、体、圆等概念的阐释和十进制的发明……墨子几乎样样是最早发现、最早提出、最早实践！

人们真心信服他，并把**"科圣"**的尊称送给他，因为他一个人在科学上的成就，比当时地球上所有文明古国的科学成就相加还要多！

我曾经伫（zhù）立在顶峰，如今继续探索太空！

墨子

为了纪念墨子，2016 年 8 月 16 日，我国发射的世界上首颗空间量子科学实验卫星就叫"墨子号"。

为了制止战争，传播墨家思想，墨子和春秋时的孔子一样**成了"大忙人"，在各国游走。**
他每到一处，做饭的烟囱还没有熏黑，
就匆匆离开到下一个地方去了。

这就是

mò	tū	bù	qián
墨	突	不	黔

。

这个成语形容忙于世事，各处奔走。"突"指烟囱；"黔"是黑色。

就算在成语里，我也是一个要烧火做饭的粗人呢！

墨子

孔子

哈哈，你的厨艺好！我比较擅长坐着喝喝茶，聊聊天。

你发现没？墨子和大禹有点像呢！
他们都把天下人放在心中。

大禹为了治水走遍天下，禹步蹒跚；

mó	dǐng	fàng	zhǒng
摩	顶	放	踵

墨子为了止战劝遍诸侯，摩顶放踵。

这个成语的意思是从头顶到脚跟都磨伤了。形容不顾身体受到损伤而辛苦劳作。

为了天下人的安定幸福，**墨子什么都可以奉献。**
而对道家的杨朱来说，**"为自己"才是最重要的。**
就算是拔一根腿毛可以救天下，他也不愿意！

yī	máo	bù	bá
一	毛	不	拔

天啊！这样一毛不拔，也是绝了！

这个成语指连一根毫毛也不肯拔。形容极端自私吝啬（lìn sè）。**你可以这样用：**这次为灾区重建进行的募捐活动，那个平时一毛不拔的人居然也捐（juān）了。

杨朱真的那么自私吗？非也，非也！

这是因为道家以大自然为老师，把生命看得很重。他们认为，
国家、天下这些都可以推倒了再来，人死了却不能再活过来。
而且道家一向主张无为，如果人人都不用损失一根腿毛，
人人都不用刻意去为别人、为天下做什么事情，

那就天下太平啦！

> 腿毛再轻也是生命的一部分。

杨朱

事实是，曾经和"儒家"并称"显学"（著名的学派、学说）的
墨家渐渐后来衰落，**几乎消失在历史的长河中。**

而那个"曳尾涂中"的庄子，却把道家思想发扬光大，
让道家和儒家一起并存了几千年。

比起道家创始人老子，庄子更爱逍遥，

更强调个人要自由、潇洒、快乐地活着。道家思想汇编著作《庄子》，
开篇就是《逍遥游》。读一读《逍遥游》，
你会感到庄子"大神"级的文学家气质扑面而来——

北冥有鱼，其名为鲲。鲲之大，不知其几千里也；
化而为鸟，其名为鹏。鹏之背，不知其几千里也；
怒而飞，其翼若垂天之云。是鸟也，海运则将徙于南冥。
南冥者，天池也。

哇，好大！

北冥实验基地

庄子

这几句文言文，你不管懂不懂，都当歌词背了吧！
现在不背，**以后也是要背的。**

背着背着，你就知道它描述了这样一个画面：
北海里有一条巨大的鱼，不知道有几千里，名字叫作鲲。
它变化为鸟，名字叫作鹏。鹏的背部广阔，不知道有几千里宽。
当鹏振动翅膀奋起直飞时，展开的翅膀好像挂在天边的云彩。
这只鸟啊，当海水激荡、飓（jù）风刮起的时候，
它就要迁往南海。那南海，就是一个天然的大池。

之后，庄子又介绍了鹏向南海迁徙的**具体动作——**
用翅膀拍打水面飞行三千里，乘着旋风盘旋飞到九万里的高空，
凭借着六月的大风离开。这就诞生了两个成语，

一个是
fú	yáo	zhí	shàng
扶	摇	直	上
。

指鹏乘着由下而上急剧盘旋的暴风一直上升。比喻事物迅
速地直线上升。后比喻仕途得志。"扶摇"指旋风。

另一个是

péng	chéng	wàn	lǐ
鹏	程	万	里

。

比喻前程远大。用于褒义。这个成语常用于升学、升官和开业等需要祝福的场景。

要知道大鹏是神鸟，它展翅的气势连老鹰都被完全碾（niǎn）压，更别说蝉、斑鸠（bān jiū）之类的小家伙了。

可在庄子笔下，这些小动物还挺自信地聚在一起

调侃（kǎn）大鹏——**何必吃饱了瞎折腾呢?**

去南海风险太高，不划算!

飞到九万里的高空得费多大劲呀!

我根本不想飞!

我飞到高一点的树上就累个半死了!

庄子写这个故事不是要嘲笑谁，他觉得世间万物的本性天赋不同，只要大家能够充分地发挥自己的才能就挺好了。

而且在他看来，大小、好坏、对错、美丑等都是相对的，都有局限性。比如咱们课本里那只

zuò	jǐng	guān	tiān
坐	井	观	天

的青蛙，

它一直生活在井底狭小的空间里，
所以眼界小，见识少，认为天只有井口那么大。
其实，只要跳出狭小的井底，它就知道天有多大了。

我想做稻田里的蛙，天天看天。

啥都不干，快乐最好！

庄子

世界那么大，我想去看看。

井里凉快又安全，我想回井里。

空间的局限还可以打破，
时间的局限怎么"破"？恐怕是无解。

成语 夏(xià) 虫(chóng) 语(yǔ) 冰(bīng) 里的夏虫，

生在夏天，死在夏天，整个"虫生"局限在夏天，
跟它谈论冬天的冰雪，它估计只能给你一个"一脸蒙"的表情。
这就是**时间的局限所造成的见闻、知识浅薄。**

我们一般用 夏(xià) 虫(chóng) 不(bù) 可(kě) 语(yǔ) 冰(bīng)

来比喻局限于见闻、知识浅薄，很难接受新事物。

冰是什么呀？我都没见过！

那无所不能的神仙有没有局限性呢？**庄子说：有！**
比如黄河的河神河伯，他曾经认为自己管辖（xiá）的黄河又大又美，
是天下第一。但当他顺着水流向东，来到北海，
发现北海放眼望去都看不到水的边际，他得意不起来了，
只能望着大海感叹。

这就是成语 | wàng 望 | yáng 洋 | xīng 兴 | tàn 叹 | 的由来。

原指看到人家伟大才感到自己渺小。后比喻要做一件事，
由于力量不够或缺乏条件而感到没有办法。

河伯在感叹自己渺小、浅薄的同时，也很庆幸看到了大海，

不然就 | yí 贻 | xiào 笑 | dà 大 | fāng 方 | 了。

"大方"是"大方之家"，指阅历深、经验多或有某种
专长的人。这个成语的意思是被见识广博或内行的人嘲
笑。有时用于自谦。**你可以这样用：**妈妈做的蛋糕真漂亮，
就算放到蛋糕店摆着也不会贻笑大方。

北海神见河伯挺有悟性，就跟他聊起了道家的"道"。
如果你对他们的谈话感兴趣，
可以去读读《庄子》中的《秋水》篇。

万事万物都有自己的"道"。

庄子理解了这一点，所以特别想得开。
他老婆死了，他在家一边击缶一边唱歌呢。他认为，

人的生命来自大自然，死亡只是回到大自然。

生来死往就像春夏秋冬一样自然，不能强求呀！

等到庄子快死的时候，弟子们都说要厚葬他。
庄子觉得把天地当棺材，把日月当连璧（并连的两块璧玉），
把星辰当珠玑（jī），把万物当陪葬品就可以了。

要是乌鸦、老鹰来吃您怎么办？

庄子

被天上的乌鸦、老鹰吃，和被地下的
蝼蛄（lóu gū）、蚂蚁吃，有什么区别？

哈哈，这几个学生估计上课经常开小差，
没认真听庄子讲 **"朝三暮四"** 的故事。

有个养猴子的老翁给猴子们分橡栗（橡树的果实），
他一开始是早上给三颗，晚上给四颗。猴子们 **气炸了。**
老翁于是决定早上给四颗，晚上给三颗。
这时猴子们高兴得想开派对 **庆祝。**

会算术的你一定很想笑：这不是一样吗？

可猴子不知道呀！ 老翁这样给和那样给，
橡栗的总数没变，可猴子的心情大变。
这就是说，事物的本质不变，不同的方法会产生不同的结果。

成语	朝 zhāo	三 sān	暮 mù	四 sì

原比喻使用欺诈的手段骗人。现在这个意思不怎么用了，而
是比喻总是变卦，反复无常。用于贬义。**比如，**选好队伍就
不能改了，你别再朝三暮四了。

庄子什么都不在意，什么都无所谓，但肚子饿了总得吃饭吧！
家里没米下锅了，庄子去找监河侯借粮。
可监河侯却说，等他收了税就借给庄子三百金。

借就借，不借就不借！
怎么能不救急，还说风凉话呢？

庄子脸色一沉，立刻说了个寓言讽刺监河侯。
他说昨天来的时候，半路上听见有人叫他。
他回头一看，原来是车轮碾过的小坑洼里，
有一条鲫（jì）鱼在扑腾。

庄子

救救我，我快变成鱼干了！

好的，稍等。离水渠建成还有……三十年，不，二十九年。

这条鲫鱼气坏了，直接骂：吾得斗升之水然活耳，
君乃言此，曾不如早索我于枯鱼之肆！

我来翻译下：
这条鱼只需要一斗或一升的水就能活命，庄子这么说，
还不如早点到卖干鱼的店铺去找它呢！

这段话里的第一个成语是

dǒu	shēng	zhī	shuǐ
斗	升	之	水

。

现在常用来比喻微薄的资助。

第二个成语是

kū	yú	zhī	sì
枯	鱼	之	肆

。

比喻事情已经到了无法挽救的地步。"肆"指店铺。

这个寓言里的鲫鱼也有了专属成语

hé	zhé	zhī	fù
涸	辙	之	鲋

。

你看，处于困境急需援助的人，是不是就像困在干枯的车辙沟里的鲫鱼呢？"鲋"就是鲫鱼。

庄子这口才！ 果然是和惠子这种擅长辩论的名家代表人物练出来的。庄子和惠子有事没事就在一起辩论，留下了著名的**"濠（háo）梁之辩"**。

这场辩论，还是和鱼有关。

你看这小鱼，多快乐呀！

可你不是鱼，怎么知道鱼快不快乐呀？

庄子

惠子

接下来——

庄子：你不是我，你怎么知道我不知道？

惠子：我不是你，不知道你知道。

那你不是鱼，你肯定也不知道鱼快不快乐了。

再接下来——

庄子：你问我知不知道，就是知道了我已经知道了呀！

既然你已经知道了我知道，那我告诉你，

我是在这濠水的桥上知道的。

惠子：……不辩了，不辩了，先想想今天晚上吃啥吧！

你有没有被绕晕？反正我晕了！

尝尝，跟你分享一下我的快乐。

惠子

庄子

可怜的小鱼，现在它确实不快乐了。

鱼儿们在水里快乐不快乐我不知道。我只知道，如果河水干枯了，那鱼儿们肯定不快乐。这时它们只能用唾沫沾湿对方。

用成语说，就是

xiāng　rú　yǐ　mò
相 濡 以 沫。

它是个褒义词。比喻人在困境中，用微弱的力量来互相救助。比如，爷爷和奶奶相濡以沫，走过了五十多个春秋。

大家都在称赞鱼儿们"相濡以沫"的行为，

很少有人知道这个词紧接着的一句是**"不如相忘于江湖"**。

在庄子看来，这些具有互帮互助精神的鱼，哪里有河里的鱼快乐呢？与其在陆地上受苦，还不如各自在水里自在地游玩，**谁也不认识谁，谁也不记得谁。**

这是我为你承包的鱼塘！

我宁可在大海里哭，也不愿在鱼塘里笑。再见！

**"相忘于江湖" 可不是一般的潇洒，
其实连庄子自己也做不到！**

庄子的 "莫逆之交" 惠子死后，他没了辩论的对手，很怀念惠子。

成语	mò	nì	zhī	jiāo
	莫	逆	之	交

指双方思想感情融洽，是十分要好的朋友。"莫逆" 是彼此心意相通，没有抵触的意思。

一次庄子路过惠子的坟墓，说了一个 **"匠石运斤"** 的寓言来表达怀念。

一个楚国人用白土刷墙的时候，一滴像苍蝇翅膀那样薄而小的白泥点溅（jiàn）到了他的鼻尖上。

楚国人就去找匠石（一个叫石的匠人，注意不是石匠），请他用斧头把泥点削掉。

哇，这是难度系数 10.0 的危险动作呀！
你们千万不要尝试！

你能砍掉泥，同时又不伤我的鼻子吗？

那就挑战下吧。

当然，匠石成功了！

jiàng shí yùn jīn

匠石运斤

现在专门用来形容技艺高超精湛。"运"是挥动；"斤"指斧子。

宋元君也想亲自见证这激动人心的时刻。

一天，他在自己的鼻尖上涂了一滴白泥，要匠石现场表演。

匠石拒绝了。他以前确实能使出"削泥神功"，但是那个相信他，敢让他这样做的人已经去世很久了。

同样，那个能够和庄子谈论道理的惠子也去世很久了。

> 你把我也写进你的故事里了呀！

惠子

庄子

> 写个故事怀念你！

其实庄子的胆子也不小！

据说有一次他去楚国，途中看到一个头盖骨，

他不但不害怕，还把它捡起来当枕头，枕着睡着了。

半夜，骷髅（kū lóu）进了庄子的梦，还和庄子聊天呢！

不过，庄子更会做"美梦"。有一次，
他梦见自己变成了一只蝴蝶！

哦，原来我是一只蝴蝶呀！

庄子

这个梦真是

xǔ　xǔ　rú　shēng
栩　栩　如　生 ！

形容非常逼真，像活的一样。"栩栩"指生动活泼的样子。你看过齐白石爷爷画的虾吗？每一只虾都栩栩如生，好像一伸手就能摸到。

庄子醒来后，回了好久的神，才反应过来自己是庄周（庄子名周）。你说，到底是庄子做梦化为了蝴蝶，还是蝴蝶做梦化为了庄周呢？

现在人们用

zhuāng	zhōu	mèng	dié
庄	周	梦	蝶

借指奇妙的梦境，或比喻人生变幻无常。

庄子主张"无为"，在文章里讽刺和批评"有为"的思想，连孔子都被他批过呢！还好孟子不知道，不然同样身为辩论高手，他肯定要跟庄子打擂（lèi）台赛的！

你老是这么"有为"，我还怎么逍遥啊！

孔子

庄子

孟子

"不为"它就长得乱七八糟！

那我们有所为，有所不为。

说起孟子，你可能最开始知道的是

mèng	mǔ	sān	qiān
孟	母	三	迁

的故事。

孟母为了让孟子有个好的成长环境，搬了几次家。
不搬家不行呀，孟子可不是一般人，他有超强的模仿力，
见什么学什么，学什么像什么。

住坟地旁时

这小孩是谁啊？挺专业呀！

孟子

住这附近的小孩，经常来。

掌柜的，别让了，再让就赔了！

孟子

住市场旁时

大甩卖!!

你谁呀？

学而时习之，不亦说乎！

三年二班

住学校旁时

孟子

搬到学校旁就好了吗？ 也不行，还得时时督促和鞭策。
有一次，孟子放学回家，孟母问他学得怎么样，
孟子无所谓地回答——就那样！

孟母气得拿起了剪刀……
吓得孟子心脏怦怦跳！

别担心，孟母只是剪断了正在织的布。她把织布比喻成学习，
把荒废的学业比喻成剪断的布匹，让孟子勤奋学习。

布剪了卖不了钱，我们明天吃什么呀？

孟子

孟母

反正你荒废学业，将来也会吃不上饭的！

这就是著名的 **"孟母断织"** 的故事。

孟子三岁就没了爸，是孟母每天织布赚钱把他拉扯大的。
孟母 "断织" 就等于 "断粮" 呀！
孟子哪里还敢不在乎学业呢？

中国古代还有哪些"贤母"？

　　中国古代有"四大贤母"，孟母排第一，其他几位妈妈的故事也挺励志的。比如几百年后东晋名将陶侃的妈妈陶母，她一直教导陶侃要结交优秀的朋友。有一次，当时的名士范逵（kuí）等人因公务路过陶侃家所在的村庄，突然下起了大雪，他们又冷又饿，就在陶侃家借住。可是陶侃的家里穷得很，没什么可以招待客人的东西。陶侃的母亲拿起了剪刀……

　　别怕！陶母只是剪断了坐卧的草席，用草席喂范逵的马，又剪了自己的头发去换了好菜好酒来招待范逵。给力吧！范逵知道后很感动，举荐陶侃做了官。这个故事产生了一个成语——

jié	fà	liú	bīn
截	发	留	宾

。

　　陶侃当官后，负责管鱼市。他的下属送了一坛鱼鲊（zhǎ）（腌好的鱼）给他。陶侃很孝顺，托人把鱼鲊带给陶母。谁知陶母不但退回鱼鲊，还写信说她很不安，教导陶侃要廉洁不贪，全心为公。这就是"封坛退鲊"的典故。

　　陶侃收到书信后非常愧疚，从此他做官非常清廉。

　　之后再过几百年到了北宋。文学家、史学家欧阳修的母亲欧母就是我要说的第三位"贤母"。欧阳修四岁丧父，家里连纸笔都买不起，哪有钱读书呀！

欧阳修的母亲拿起了剪刀……

别怕！欧母是看到了池塘边长的狄草（芦苇），就剪下狄草秆做笔，用沙土当可擦写的纸，来教导欧阳修写字读书。这办法还真好，又环保又省钱！现在人们还用

huà	dí	jiào	zǐ
画	获	教	子

来称赞母亲有教育孩子的好方法。

最后一位"贤母"是南宋抗金名将岳飞的母亲岳母。

岳飞的母亲拿起剪刀……错了，是绣花针！岳母用绣花针在岳飞的背上刺下了一个成语——

jīng	zhōng	bào	guó
精	忠	报	国

。

她希望岳飞奋勇杀敌，竭尽忠诚，报效国家。这就是"岳母刺字"的典故。

有励志的娘，就有励志的儿。

在孟母的教导下，孟子长成了"战国第一励志大师"。

正因为孟子正能量"爆棚"，语文课本里有好多孟子写的句子。

读一读，热血满满！ 比如下面几句：

> 故天将降大任于是人也，必先苦其心志，
> 劳其筋骨，饿其体肤，空乏其身，
> 行拂乱其所为，所以动心忍性，
> 曾益其所不能。

成功！

孟子

我们干大事的人！不怕……

苦！

累！

饿！

穷！

这段话你要好好背下来，

困了累了念几遍，比什么都管用！

上面那段文言文里的 **动心忍性**（dòng xīn rěn xìng）是个成语。

指不顾外界阻力，坚持下去。"动心"是"使内心惊动"；"忍性"是"使性格坚韧"。**你可以这样用：** 他参加这个篮球训练营后，动心忍性，成长了不少。

作为励志大师，孟子怎么会在意"苦、累、饿、穷"呢？**他只担心**

生于忧患，死于安乐（shēng yú yōu huàn，sǐ yú ān lè）。

这个成语的意思是经常处于忧愁患难之中，可以使人或国家生存发展；长期处于安逸的环境，能使人或国家怠（dài）惰致死。**比如，**很多运动员明白"生于忧患，死于安乐"的道理，即使获得了运动会奖牌，也会保持训练，不断超越自己。

孟子还说过要成为大丈夫。
大丈夫？是说年龄大的男性吗？

不不，孟子说的"大丈夫"是指那些

fù	guì	bù	yín
富	贵	不	淫

pín	jiàn	bù	yí
贫	贱	不	移

wēi	wǔ	bù	qū
威	武	不	屈

顶天立地的硬汉！

这几个成语的意思是富贵无法使大丈夫迷惑动心，贫贱无法使大丈夫改变志向，权势无法使大丈夫屈服。总之就是大丈夫意志坚定，有骨气！

我们"大丈夫"——

不爱钱！

不怕穷！

不畏权！

孟子

大丈夫当然也不能害怕孤独，

如果自己的志向和大家一样，当然很好。

如果不能，

就要 **独行其道**。
dú　xíng　qí　dào

也就是要能忍受孤独，独自去实现自己的主张。"道"指信念、主张。

还有个成语叫 **独行其是**，
dú　xíng　qí　shì

意思是不考虑别人的意见，只按自己认为对的去做。"是"指对的。

那怎么才能成为"大丈夫"呢？

孟子说平时要注意"养气"，养出一股 **"浩然之气"**。

什么是"浩然之气"？这个问题很难，孟子也说不清，只知道应该是最广大、最刚强、最正直、最有力量的气！

"浩然之气"能一下子就养成吗？不能！
那能找别人帮忙吗？也不能！

如果急着取得成功，违反事物的发展规律，反而会得到与目标愿望相反的结果，

也就是 yà miáo zhù zhǎng 揠苗助长。

所以，咱们还是积累正气，
慢慢地养出浩然之气吧！

哇！浩然之气浓度超标！

孟子

孔子死后一百多年，孟子才出生。但作为孔子的头号"粉丝"，他认真遵守、实践，甚至补充和升级孔子的思想。
比如孔子提倡"仁爱""仁义"，孟子说"仁者无敌"。

如果碰到

yú yǔ xióng zhǎng
鱼 与 熊 掌 不可兼得的情况，

也就是两样东西都是想要的，很难取舍，必须做

"生命"和"仁义"二选一的选择题时，

大丈夫应该
shě shēng qǔ yì
舍 生 取 义 。

要注意，这个成语的原意是舍弃生命而选择正义。后指为维护正义而牺牲生命。

太"刚"了！孟子哪里来这么多正能量？

孟子说其实每个人身上都有正能量，因为人生下来就是个善良的人——**"人之初，性本善"**呀！

你说善良就善良呀，有证据吗？

孟子

证据？你有同情心吧？踩死蚂蚁会伤心吧？

孟子把这种看到别人遭受困难而产生怜悯（mǐn）同情的心情

叫作
cè	yǐn	zhī	xīn
恻	隐	之	心
。

他认为，人除了有"恻隐之心"，还有"羞恶（wù）之心"
"辞让之心"和"是非之心"，

这"四心"就是仁、义、礼、智的开始。

可是，在那样一个充满战乱的时代，
孟子要怎么做才能让世界更美好呢？不如从源头抓起，
办个"培训班"吧！

民贵君轻

孟子

一对一私教
培训

做百姓爱戴的好君王

我要报名！

我要预约！

孟子到处游说君王"行王道，施仁政"。

可惜他努力了二十多年，却没有一位君王真正采纳！

不学就不学吧！没想到几十年后，

孟子还多了个反对者——荀子！

荀子是继孔子和孟子之后儒家的又一位大师。
咱们小学一年级的课本里，就有过荀子的名言："不知则问，
不能则学。"和孟子相反，**荀子认为"人性本恶"。**

荀子说，你们看这"人"吧，生下来就有鼻子有眼，
有嘴巴有耳，天生就会要吃要喝。为了闻点香的、
吃点好的、看点美的、听点有趣的、穿点新的……

可不就要去争去抢吗？

要是顺着人性，什么坏事都来了，大家迟早得完蛋。
所以他认为"人之性恶，其善者伪也"。
想要人变善良，世界变美好，**办法有三个——**

一"学"：自己主动变，好好学习，天天向上。

二"礼"：社会让你变，爱岗敬业，本分规矩。

三"法"：国家有法律，违法？来监狱试试。

荀子

让人变善良的三个办法

是不是感觉荀子的办法比较接地气？

荀子可是吸取了儒、道、墨、法等诸家思想的"霸道"学者，
他三次担任稷下学宫的祭酒（相当于校长），
可以说是战国后期学术江湖的"武林盟主"！

不过荀子对学生的最大贡献，

还是那篇"超级学霸高效学习大法"——《劝学》。

> 荀子的学生中，最著名的是韩非和李斯。不过他们都没有成为儒家的代表人物，而是扛起了"法家"的大旗。李斯还在秦王嬴政统一天下的过程中发挥了很大的作用。

> 学霸、学渣都管用，一般人我不告诉他！

荀

荀子

李斯

韩非

《荀子》里的《劝学》篇在高中课本里，
但我建议你们早点读，毕竟秘籍越早学效果越好。
《劝学》篇里的成语也很多，我们一起来看看。
一开篇荀子就说，学习不能停止。紧接着有两个成语：

qīng	chū	yú	lán
青	出	于	蓝

和

bīng	hán	yú	shuǐ
冰	寒	于	水

。

"青出于蓝"的意思是靛（diàn）青是从蓼（liǎo）蓝中提炼出来的，但颜色比蓼蓝更深。"冰寒于水"就不用解释了吧！它们都是比喻学生超过老师，或者后人超过前人。

再接下来……成语实在太多了！
比如，比喻环境会对人产生影响的成语

péng	shēng	má	zhōng
蓬	生	麻	中

，

bù	fú	ér	zhí
不	扶	而	直

；

强调点滴积累，作用巨大的成语

jī	tǔ	chéng	shān
积	土	成	山

、

jī	shuǐ	chéng	yuān
积	水	成	渊

；

比喻有恒心、有毅力的成语

qiè	ér	bù	shě
锲	而	不	舍

，

说明只要坚持到底，即使再难的事情也可以做到的成语

jīn	shí	kě	lòu
金	石	可	镂

……

蓬生麻中不扶而直

积水成渊

积土成山

锲而不舍

成语浓度太高了，我好饱呀！

金石可镂……

荀子

劝学

荀子我就讲到这里，记得去读《劝学》！

战国时可爱又有趣的这"子"那"子"太多了，

我还想再说三十页，但是篇幅有限！

我们最后再说说那个每天多次反省、检讨自己的言行，
做到**"吾日三省吾身"**的儒家代表曾子吧！
他还是家庭教育的榜样呢！

曾子十年没做新衣服，穿得很破烂，
拉一下衣襟就露出胳膊肘，日子过得很艰难。

用成语来说就是

zhuō	jīn	jiàn	zhǒu
捉	襟	见	肘

。

日子都过得这么艰难了，但当他老婆哄骗孩子说要杀猪吃时，
曾子明知家里穷，还是遵守对孩子的承诺，
真的杀了猪，烧肉给孩子吃。他说，要是做父母的欺骗孩子，
孩子就不相信父母了。

他这样做就是

shā	zhì	jiào	zǐ
杀	彘	教	子

。

难怪他是家庭教育的榜样呢！

夸得我都不好意思了。

您太谦虚了，您孝顺母亲的事情我还没有说呢！

曾子

事情是这样的：曾子出去砍柴，家里突然来了客人，曾子的母亲一个人接待不来，就咬了下手指头。远在山里的曾子突然感到心痛，立刻回到家里。这个故事叫"啮指痛心"，表现了母子之间的深情。它是"二十四孝"里的故事。

战国时期的"子"太多了！

那个写了"愚公移山""夸父追日""杞人忧天"等故事，
据说会御风飞行的道家代表人物列子；
那个战国国君最喜欢的，知天知地的阴阳家代表人物邹子；
那个说人生下来无所谓善恶的法家人物告子……

就不一一介绍了！

我现在就想要凳子！

列子　邹子　尸子　告子　诸子百家介绍所

这"子"那"子"们，如闪耀的群星点缀在历史的夜空中，温暖、照耀着人们的内心。如果你觉得看得不过瘾，想要靠近他们，了解他们，学习他们的思想，

就翻开"子子们"的"子子书"吧！

不对，我的书叫《论语》，不叫《孔子》呢！

荀子　墨子　列子　庄子

孔子

您的书是月亮，不是星星！

福利时间

自相矛盾

为什么成语里的"笨人"那么多？

因为创造"笨人成语"的人希望你读了之后变**聪明**呀！

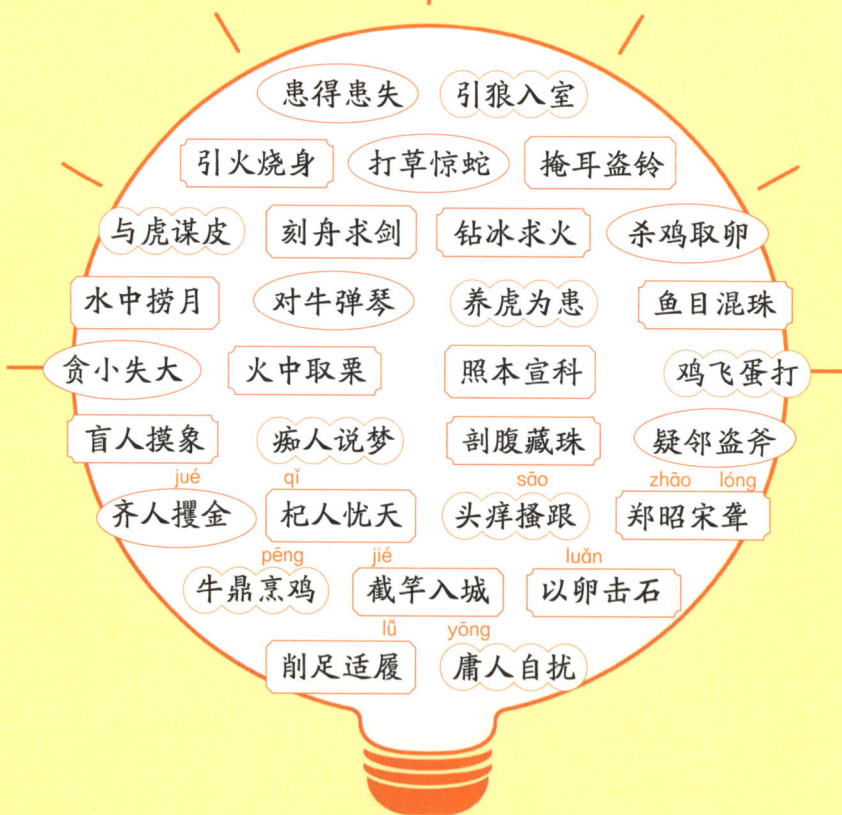

患得患失　引狼入室

引火烧身　打草惊蛇　掩耳盗铃

与虎谋皮　刻舟求剑　钻冰求火　杀鸡取卵

水中捞月　对牛弹琴　养虎为患　鱼目混珠

贪小失大　火中取栗　照本宣科　鸡飞蛋打

盲人摸象　痴人说梦　剖腹藏珠　疑邻盗斧

齐人攫(jué)金　杞人忧天(qǐ)　头痒搔(são)跟　郑昭宋聋(zhāo lóng)

牛鼎烹(pēng)鸡　截竿(jié)入城　以卵(luǎn)击石

削足适履(lǚ)　庸人自扰(yōng)

哈哈，真的好多"笨人成语"呀！不过你可别笑过就算了，一定要好好读读这些成语背后的故事，吸取里面的"智慧"，这样你才会越来越聪明！

参 考 书 目

[1] 文天译注 . 史记 [M]. 北京：中华书局，2016.

[2] 司马光著 . 资治通鉴 [M]. 北京：北京联合出版公司，2016.

[3] 〔汉〕王充著，张宗祥校注，郑绍昌标点 . 论衡校注 [M]. 上海：上海古籍出版社，
    2013.

[4] 缪文远，缪伟，罗永莲，译注 . 战国策 [M]. 北京：中华书局，2012.

[5] 〔晋〕皇甫谧著，孙晓艺撰文，〔清〕任渭长，沙英绘 . 高士传 [M]. 上海：上海古籍出版社，
    2014.

[6] 陈广忠译注 . 淮南子 [M]. 北京：中华书局，2016.

[7] 王天海，杨秀岚，译注 . 说苑 [M]. 北京：中华书局，2019.

[8] 方勇译注 . 孟子 [M]. 北京：中华书局，2011.

[9] 高华平，王齐洲，张三夕，译注 . 韩非子 [M]. 北京：中华书局，2015.

[10] 方勇，李波，译注 . 荀子 [M]. 北京：中华书局，2011.

[11] 陈曦译注 . 吴子·司马法 [M]. 北京：中华书局，2018.

[12] 马世年译注 . 新序 [M]. 北京：中华书局，2014.

[13] 方勇译注 . 庄子 [M]. 北京：中华书局，2011.

[14] 郭丹，程小青，李彬源，译注 . 左传 [M]. 北京：中华书局，2011.

[15] 陆玖译注 . 吕氏春秋 [M]. 北京：中华书局，2011.

[16] 林家骊译注 . 楚辞 [M]. 北京：中华书局，2015.

[17] 习凿齿撰，黄惠贤校补 . 校补襄阳耆旧记 [M]. 北京：中华书局，2018.

[18] 陈曦译注 . 孙子兵法 [M]. 北京：中华书局，2011.

[19] 方勇译注 . 墨子 [M]. 北京：中华书局，2015.

[20] 张启成，徐达，译注 . 文选 [M]. 北京：中华书局，2019.

[21] 张涛译注 . 列女传译注 [M]. 北京：人民出版社，2017.

[22] 石磊译注 . 商君书 [M]. 北京：中华书局，2018.

[23] 陈晓芬，徐儒宗，译注 . 论语·大学·中庸 [M]. 北京：中华书局，2015.

[24] 朱碧莲，沈海波，译注 . 世说新语 [M]. 北京：中华书局，2014.

[25] 〔唐〕房玄龄等撰 . 晋书 [M]. 北京：中华书局，2015.

[26] 〔元〕脱脱撰 . 宋史 [M]. 北京：中华书局，1985.

图书在版编目（ＣＩＰ）数据

呀，成语就是历史 . 第 1 辑 . 战国 . ③ / 国潮童书著
. -- 北京：台海出版社，2023.11
ISBN 978-7-5168-3651-4

Ⅰ . ①呀… Ⅱ . ①国… Ⅲ . ①汉语 - 成语 - 故事 - 少
儿读物 Ⅳ . ① H136.31-49

中国国家版本馆 CIP 数据核字 (2023) 第 184219 号

呀，成语就是历史 . 第 1 辑 . 战国 . ③

著　　者：国潮童书　　　　　　　　图画绘制：丁大亮
责任编辑：戴　晨

出版发行：台海出版社
地　　址：北京市东城区景山东街 20 号　　　邮政编码：100009
电　　话：010-64041652（发行，邮购）
传　　真：010-84045799（总编室）
网　　址：www.taimeng.org.cn/thcbs/default.htm
E - mail：thcbs@126.com

经　　销：全国各地新华书店
印　　刷：天津海顺印业包装有限公司
本书如有破损、缺页、装订错误，请与本社联系调换

开　　本：710 毫米 × 1000 毫米　　　　　1/16
字　　数：500 千字　　　　　　　　　印　张：63
版　　次：2023 年 11 月第 1 版　　　　印　次：2025 年 4 月第 3 次印刷
书　　号：ISBN 978-7-5168-3651-4
定　　价：300.00 元（全 10 册）